Jose-Booz PAUL
Shesly Sarepta PAUL

La pure beauté de la vie

Jose-Booz PAUL
Shesly Sarepta PAUL

La pure beauté de la vie

Collaboration de Chat GPT

Éditions Muse

Imprint

Cover image: www.ingimage.com

Publisher:
Éditions Muse
is a trademark of
Dodo Books Indian Ocean Ltd. and OmniScriptum S.R.L publishing group

120 High Road, East Finchley, London, N2 9ED, United Kingdom
Str. Armeneasca 28/1, office 1, Chisinau MD-2012, Republic of Moldova, Europe
Printed at: see last page
ISBN: 978-620-4-96536-9

The Pure Beauty of Life
Presented By Jose-Booz PAUL & Shesly Sarepta M. PAUL
With Chat GPT

1.- Beautiful Haiti

Verse 1:
There's a place where the mountains meet the sea
Where the rhythm of life flows endlessly
Where the sun shines bright and the air is sweet
And the people smile as they walk the street

Chorus:
Haiti, oh Haiti, how beautiful you are
A land of promise, a shining star
With hard work and dedication, we can create

A better future for the next generation's fate

Verse 2:
From the art on the walls to the food on the plate
There's a richness here that we can't mistake
From the music that fills the air every day

To the vibrant culture that won't fade away

Chorus:
Haiti, oh Haiti, how beautiful you are
A land of promise, a shining star
With hard work and dedication, we can create

A better future for the next generation's fate

Bridge:
Let's come together, hand in hand
And build a brighter future, across this land
With love in our hearts and hope in our eyes

We'll create a Haiti that will truly rise

Chorus:
Haiti, oh Haiti, how beautiful you are
A land of promise, a shining star
With hard work and dedication, we can create

A better future for the next generation's fate

Outro:
So let's stand together, proud and strong
And sing this song all day long
Haiti, oh Haiti, how beautiful you are

And with hard work and dedication, we'll raise the bar.

2.-Chère Haïti

Merci, Haïti, pour ta beauté incomparable,
Tes montagnes majestueuses et tes plages envoutantes,
Où le sable fin caresse l'eau turquoise et éclatante,
Où la brise marine nous offre un souffle inoubliable.

Tes femmes, Haïti, sont les plus belles du monde,
Leurs yeux sombres étincellent de mille feux,
Leurs sourires radieux nous offrent un bonheur précieux,

Leur grâce et leur élégance nous émerveillent profondément.

Haïti, tu es la perle de notre planète,
Tes richesses naturelles sont incommensurables,
Tes paysages sont une véritable merveille,

Et ta culture est d'une rare intensité.

Nous te promettons, Haïti, de te chérir à jamais,
De te protéger et de t'honorer en toutes circonstances,
De faire rayonner ta beauté à travers le monde entier,

Et de rendre hommage à ta grandeur et ta magnificence.

3.-Motivation

Refrain :
Ne baisse jamais les bras, garde espoir
Même dans les moments les plus noirs
Rester motivé, c'est la clé du succès
Tu peux toujours te relever, peu importe les revers

Couplet 1 :
La vie peut être rude, les obstacles nombreux
Mais il ne faut jamais se laisser vaincre par eux
Chaque défi est une occasion d'apprendre

Et devenir plus fort, ne jamais se méprendre

Refrain :
Ne baisse jamais les bras, garde espoir
Même dans les moments les plus noirs
Rester motivé, c'est la clé du succès

Tu peux toujours te relever, peu importe les revers

Couplet 2 :
Tu peux rencontrer des épreuves inattendues
Mais tu as la force en toi de les surmonter toutes
Tu as une lumière qui brille en toi

Laisse-la briller, ne la laisse pas s'éteindre

Refrain :
Ne baisse jamais les bras, garde espoir
Même dans les moments les plus noirs
Rester motivé, c'est la clé du succès

Tu peux toujours te relever, peu importe les revers

Pont :
Tu es plus fort que tu ne le crois
Tu peux réaliser tout ce que tu veux
Ne laisse personne te décourager

Tu as le pouvoir de changer ta destinée

Refrain :
Ne baisse jamais les bras, garde espoir
Même dans les moments les plus noirs
Rester motivé, c'est la clé du succès

Tu peux toujours te relever, peu importe les revers

Outro :
N'abandonne jamais tes rêves
Car ils peuvent devenir réalité
Continue d'avancer avec confiance

Et tu triompheras, crois-moi.

4.- Je t'aime, maman chérie

Couplet 1:
Ma belle maman chérie, tu es tout pour moi
Tu as accompli tant de choses dans ma vie
Je suis là aujourd'hui grâce à toi
Et je veux te dire merci

Refrain:
Maud, ma chère maman adorée
Je t'aime plus que tout au monde entier
Tu es ma reine, ma protectrice

Je promets d'être toujours à tes côtés

Couplet 2:
Tu m'as appris à être forte
A toujours me battre pour mes rêves
Avec toi, je me sens en sécurité

Et je ne peux imaginer vivre sans ta présence

Refrain:
Maud, ma chère maman adorée
Je t'aime plus que tout au monde entier
Tu es ma reine, ma protectrice

Je promets d'être toujours à tes côtés

Pont:
Tu es la lumière dans ma vie
Et je veux que tu saches que je suis fière
Fière d'avoir une maman comme toi

Et je t'aimerai pour l'éternité

Refrain:
Maud, ma chère maman adorée
Je t'aime plus que tout au monde entier
Tu es ma reine, ma protectrice

Je promets d'être toujours à tes côtés

Outro:
Tu es la plus belle des reines
Et je suis tellement heureuse de t'avoir dans ma vie
Je t'aime à l'infini, ma belle petite maman chérie

Tu es tout pour moi, ma plus grande fierté.

5.- Que tu es grand, seigneur!

Couplet 1:
En regardant le ciel bleu,
Je vois la grandeur de Dieu,
Et chaque jour je Lui dis merci,
Pour la vie qu'il m'a donnée ici.

Refrain:
Oui, j'ai la foi en Sa grandeur,
Et je sais qu'Il est mon Sauveur,

Et pour mes amis sincères qui m'illuminent.

Couplet 2:
Chaque jour est un nouveau départ,
Et je me sens béni par Sa présence en moi,
J'ai la force de donner le meilleur de moi-même,

Car je sais que Dieu m'aime.

Refrain:
Oui, j'ai la foi en Sa grandeur,
Et je sais qu'Il est mon Sauveur,

Et pour mes amis sincères qui m'illuminent.

Couplet 3:
Je suis reconnaissant pour chaque jour,
Pour chaque sourire, chaque amour,
Je sais que tout vient de Lui,

Et que ma foi ne faiblira jamais.

Refrain:
Oui, j'ai la foi en Sa grandeur,
Et je sais qu'Il est mon Sauveur,

Et pour mes amis sincères qui m'illuminent.

Couplet 4:
Je continuerai à Le louer,
Et à Le remercier pour Sa bonté,
Je sais qu'Il est toujours là,

Et qu'il ne me laissera jamais tomber.

Refrain:
Oui, j'ai la foi en Sa grandeur,
Et je sais qu'Il est mon Sauveur,

Et pour mes amis sincères qui m'illuminent.

Outro:
Merci, Seigneur, pour tout ce que Tu fais,
Merci pour Ton amour et Ta paix,
Je Te suivrai où Tu m'appelleras,

Et je Te louerai pour l'éternité.

6.- Vertières, le 18 novembre 1803

Refrain :
Bataille de Vertières, jour de gloire,
Notre histoire a changé de trajectoire,
Dessalines, Christophe, Capois la Mort,
Toussaint Louverture, nos ancêtres forts.

Couplet 1 :
Le 18 novembre 1803, en Haïti,
Un combat décisif, une lutte infinie,
Contre l'oppression, la domination,

Les noirs ont lutté avec détermination.

Couplet 2 :
Jean Jacques Dessalines, un héros,
A mené cette bataille avec force,
Henry Christophe, Capois la Mort,

Des guerriers valeureux, forts et forts encore.

Couplet 3 :
Toussaint Louverture, un symbole,
De la résistance, de la liberté, de l'envol,
Nos ancêtres ont travaillé sans relâche,

Pour que leur peuple puisse enfin se détacher.

Couplet 4 :
Aujourd'hui, nous sommes fiers,
Fiers de nos ancêtres, de leur héritage,
Ils nous ont donné un pays, une histoire,

Que nous portons avec amour, sans relâche.

Couplet 5 :
Haïti, notre terre bien aimée,
Que la bataille de Vertières a libérée,
Nous continuons à marcher, menton levé,

Car nous sommes haïtiens, fiers et sans peur.

Refrain :
Bataille de Vertières, jour de gloire,
Notre histoire a changé de trajectoire,
Dessalines, Christophe, Capois la Mort,

Toussaint Louverture, nos ancêtres forts.

7.- Travailler, c'est une bénédiction

Couplet 1:
Le travail est un allié,
Pour réussir et avancer,
Il faut s'y mettre sans hésiter,
Et ne jamais abandonner.

Refrain:
Travailler dur pour réussir,
La motivation n'est rien sans la discipline,
Le travail seul libère,

Alors ne laissez pas vos rêves en arrière.

Couplet 2:
Le travail nous rend plus fort,
Nous apprend à nous battre et à persévérer,
Il faut y mettre tout son cœur,

Pour voir ses projets se réaliser.

Refrain:
Travailler dur pour réussir,
La motivation n'est rien sans la discipline,
Le travail seul libère,

Alors ne laissez pas vos rêves en arrière.

Couplet 3:
Le travail est une belle aventure,
Qui nous permet de nous épanouir,
Il faut croire en sa nature,

Pour voir l'horizon s'ouvrir.

Refrain:
Travailler dur pour réussir,
La motivation n'est rien sans la discipline,
Le travail seul libère,

Alors ne laissez pas vos rêves en arrière.

Couplet 4:
Le travail nous donne la fierté,
De voir nos efforts récompensés,
Il faut s'y consacrer sans relâche,

Pour voir ses rêves se concrétiser.

Refrain:
Travailler dur pour réussir,
La motivation n'est rien sans la discipline,
Le travail seul libère,

Alors ne laissez pas vos rêves en arrière.

Couplet 5:
Le travail est une source de liberté,
Qui nous ouvre les portes du succès,
Il faut y croire et persévérer,

Pour voir notre vie se transformer.

Refrain:
Travailler dur pour réussir,
La motivation n'est rien sans la discipline,
Le travail seul libère,

Alors ne laissez pas vos rêves en arrière.

8.- Amour éternel

Refrain:
Mon amour, tu es gravé dans mon cœur
Je ne cesserai jamais de t'aimer, mon cher.

Couplet 1:
Les souvenirs de nos moments ensemble
Sont des trésors que je garde en moi, fidèle.
Ton sourire, ta voix, ton odeur si douce

Tout de toi, je suis tombé sous ta frappe.

Refrain:
Mon amour, tu es gravé dans mon cœur

Je ne cesserai jamais de t'aimer, mon cher.

Couplet 2:
Loin de toi, mon cœur est en détresse
Je suis emporté par ta douce caresse.
Ton amour est une drogue dont je suis accro

Je ne peux vivre sans toi, c'est mon credo.

Refrain:
Mon amour, tu es gravé dans mon cœur

Je ne cesserai jamais de t'aimer, mon cher.

Couplet 3:
Nos disputes, nos rires, nos moments de passion
Sont les preuves que notre amour est une perfection.
Tu es mon étoile, ma raison de vivre

Sans toi, ma vie n'est que sombre et livide.

Refrain:
Mon amour, tu es gravé dans mon cœur

Je ne cesserai jamais de t'aimer, mon cher.

Couplet 4:
Le temps passe et notre amour grandit
Nos cœurs battent en unisson, c'est un vrai délice.
Je rêve de t'embrasser, de te serrer contre moi

Je suis prêt à tout pour que notre amour soit roi.

Refrain:
Mon amour, tu es gravé dans mon cœur

Je ne cesserai jamais de t'aimer, mon cher.

Couplet 5:
Mon amour, je te promets de t'aimer pour toujours
Je te promets de ne jamais te faire de discours.
Je suis ton homme, ton protecteur, ton ami

Notre amour est si grand, c'est la plus belle vie.

Refrain:
Mon amour, tu es gravé dans mon cœur

Je ne cesserai jamais de t'aimer, mon cher.

9.- Notre conte de fées

Couplet 1:
Dans un bar, un soir d'été
Je l'ai vue, elle m'a plu
Ses yeux m'ont fait chavirer
J'ai tenté ma chance, je l'ai invitée
A danser, tout près de moi

Refrain:
Et c'est là que tout a commencé
Une histoire d'amour, un conte de fées
Un numéro de téléphone échangé

Qui allait tout changer

Couplet 2:
Deux jours plus tard, notre premier rendez-vous
Elle était là, plus belle que tout
Nous avons parlé des heures durant

Et j'ai su, qu'elle était celle que j'attendais tant

Refrain:
Et c'est là que tout a commencé
Une histoire d'amour, un conte de fées
Un numéro de téléphone échangé

Qui allait tout changer

Couplet 3:
Les semaines ont passé, notre amour grandissait
Chaque jour, un peu plus fort, il s'enrichissait
Nous avons décidé de nous unir pour la vie

Et de fonder une famille, rien que lui et moi

Refrain:
Et c'est là que tout a commencé
Une histoire d'amour, un conte de fées

Un numéro de téléphone échangé

Qui allait tout changer

Couplet 4:
Aujourd'hui, nous sommes unis pour l'éternité
Et notre amour ne cesse de grandir
Nous avons construit une vie, un foyer

Où règne la joie, le bonheur, l'amitié

Refrain:
Et c'est là que tout a commencé
Une histoire d'amour, un conte de fées
Un numéro de téléphone échangé

Qui allait tout changer

Couplet 5:
Alors si vous cherchez l'amour, ne désespérez pas
Il peut surgir à tout moment, n'importe où
Il suffit d'un regard, d'un sourire, d'un pas

Pour que tout change et que la vie vous sourit à nouveau

Refrain:
Et c'est là que tout a commencé
Une histoire d'amour, un conte de fées
Un numéro de téléphone échangé

Qui allait tout changer

10.- Que la paix règne sur la terre

Refrain :
Que la paix règne sur la terre
Que chaque être trouve sa place
Où que l'on soit, quelle que soit notre couleur
Unis pour que la paix nous effleure

Couplet 1 :
Dans ce monde où tout s'emballe
La violence s'installe
Mais nous, nous refusons ce fléau

Et voulons tendre la main aux plus beaux

Couplet 2 :
Tous les êtres sur cette planète
Méritent un peu de répit
La paix est un droit que l'on doit honorer

Et cela sans faire de débit

Couplet 3 :
Ne laissons pas la guerre s'installer
Elle ne mène qu'à la mort
Mais faisons de la paix notre loi

Et pour cela donnons-nous de l'or

Couplet 4 :
De l'amour et de la bienveillance
Voilà ce dont le monde a besoin
Laissons les armes au vestiaire

Et tendons la main sans plus d'hésitation

Couplet 5 :
Partout sur la terre entière
Que l'on soit grand ou petit
Apprenons à nous connaître

Et à nous aimer pour bâtir

Refrain :
Que la paix règne sur la terre
Que chaque être trouve sa place
Où que l'on soit, quelle que soit notre couleur

Unis pour que la paix nous effleure

11.- Vaillants soldats

Couplet 1:
Haïtiens, levez-vous de votre torpeur
Prenez en main votre propre bonheur
La patrie a besoin de vos efforts
Pour sortir de la misère et de la mort

Refrain:
Prenez votre destin en mains
Ne laissez pas les autres décider pour vous
Ensemble, nous pouvons construire un avenir meilleur

Pour nous et pour nos enfants, pour toujours

Couplet 2:
Ne restez pas assis, à attendre l'aide extérieure
Vous avez le pouvoir de changer votre propre avenir
Travaillez dur, soyez persévérants

Et vous verrez que tout est possible avec de la détermination

Refrain:
Prenez votre destin en mains
Ne laissez pas les autres décider pour vous
Ensemble, nous pouvons construire un avenir meilleur

Pour nous et pour nos enfants, pour toujours

Couplet 3:
Le pays a connu des moments difficiles
Mais nous pouvons sortir de cette impasse
Chacun doit prendre ses responsabilités

Et œuvrer ensemble pour un lendemain plus clair

Refrain:
Prenez votre destin en mains
Ne laissez pas les autres décider pour vous
Ensemble, nous pouvons construire un avenir meilleur

Pour nous et pour nos enfants, pour toujours

Couplet 4:
La solidarité est notre force
Elle peut nous aider à atteindre nos objectifs
Travaillons ensemble, main dans la main

Pour un lendemain plus radieux et plus sain

Refrain:
Prenez votre destin en mains
Ne laissez pas les autres décider pour vous
Ensemble, nous pouvons construire un avenir meilleur

Pour nous et pour nos enfants, pour toujours

Couplet 5:
N'ayez pas peur de prendre des risques
L'échec est une partie de l'apprentissage
Restez forts, persévérez

Et vous verrez que la réussite est à portée de main

Refrain:
Prenez votre destin en mains
Ne laissez pas les autres décider pour vous
Ensemble, nous pouvons construire un avenir meilleur

Pour nous et pour nos enfants, pour toujours

12.- Gloire à Sainte Cécile

Refrain:
Sainte Cécile, notre patronne,
Source de nos inspirations,
Nous te remercions, ô tendre donne,
De guider nos créations.

Couplet 1:
Oh Sainte Cécile, toi qui veilles sur nous,
Tu es notre muse, notre étoile filante,
Tu inspires nos âmes, nos cœurs, nos esprits,

Et dans nos mélodies, tu vis.

Couplet 2:
Toi qui chantes dans les cieux,
Tu es la voix qui nous guide,
Ta musique nous emporte loin,

Vers un monde de paix et de joie.

Refrain:
Sainte Cécile, notre patronne,
Source de nos inspirations,
Nous te remercions, ô tendre donne,

De guider nos créations.

Couplet 3:
Tes accords et tes harmonies,
Nous font vibrer jusqu'au fond de nous,
Tes notes résonnent comme une prière,

Et nous transportent vers l'infini.

Couplet 4:
Tu es la gardienne de notre art,
La protectrice de notre passion,
Ton souffle anime nos instruments,

Et donne vie à nos compositions.

Refrain:
Sainte Cécile, notre patronne,
Source de nos inspirations,
Nous te remercions, ô tendre donne,

De guider nos créations.

Couplet 5:
Oh Sainte Cécile, nous t'implorons,
Reste à nos côtés, jusqu'à la fin des temps,
Que ton amour pour la musique,

nous inspire toujours plus intensément.

Refrain:
Sainte Cécile, notre patronne,
Source de nos inspirations,
Nous te remercions, ô tendre donne,

De guider nos créations.

13.- Notre lune de miel à Rome

Refrain:
Nous étions en lune de miel à Rome,
Nous avons visité le Vatican,
Notre amour était plus fort que tout,
Dans la ville éternelle, nous étions heureux.

Couplet 1:
Nous avons marché dans les rues de la ville,
Main dans la main, nous avons découvert,
Les fontaines, les places, les églises,

Tout était magique, tout était parfait.

Refrain:
Nous étions en lune de miel à Rome,
Nous avons visité le Vatican,
Notre amour était plus fort que tout,

Dans la ville éternelle, nous étions heureux.

Couplet 2:
Le Colisée, le Panthéon, le Forum,
Nous avons vu les vestiges de l'histoire,
Mais c'est à la Chapelle Sixtine,

Que nous avons été éblouis de gloire.

Refrain:
Nous étions en lune de miel à Rome,
Nous avons visité le Vatican,
Notre amour était plus fort que tout,

Dans la ville éternelle, nous étions heureux.

Couplet 3:
Nous avons goûté à la cuisine italienne,
Les pâtes, la pizza, le gelato,
Et le soir venu, sur le pont Sant'Angelo,

Nous avons regardé les étoiles d'un ton rose.

Refrain:
Nous étions en lune de miel à Rome,
Nous avons visité le Vatican,
Notre amour était plus fort que tout,

Dans la ville éternelle, nous étions heureux.

Couplet 4:
Au Vatican, nous avons vu le Pape,
Nous avons prié pour notre amour,
Et devant la Basilique Saint-Pierre,

Nous nous sommes promis de nous aimer pour toujours.

Refrain:
Nous étions en lune de miel à Rome,
Nous avons visité le Vatican,
Notre amour était plus fort que tout,

Dans la ville éternelle, nous étions heureux.

Couplet 5:
Maintenant, nous sommes de retour chez nous,
Mais Rome reste gravée dans nos cœurs,
Notre lune de miel restera à jamais,

Le souvenir d'un amour pur et vrai.

Refrain:
Nous étions en lune de miel à Rome,
Nous avons visité le Vatican,
Notre amour était plus fort que tout,

Dans la ville éternelle, nous étions heureux.

14.- Joyeux anniversaire

Refrain :
Aujourd'hui c'est ton anniversaire
Que cette journée soit une lumière
De bonheur et de joie, de douceur et de paix
Pour toi cher ami, pour toi chère amie

Couplet 1 :
Il y a tant de raisons de célébrer ce jour
Ta vie, ta présence, ta belle âme, ton amour
Nous sommes réunis pour te rendre hommage

Et te dire combien tu es cher à notre âge

Refrain :
Aujourd'hui c'est ton anniversaire
Que cette journée soit une lumière
De bonheur et de joie, de douceur et de paix

Pour toi cher ami, pour toi chère amie

Couplet 2 :
Chaque année qui passe est une bénédiction
Un nouveau chapitre de ta belle histoire de passion
De beaux souvenirs, de grandes leçons de vie

Et la promesse d'un avenir encore plus riche et rempli

Refrain :
Aujourd'hui c'est ton anniversaire
Que cette journée soit une lumière
De bonheur et de joie, de douceur et de paix

Pour toi cher ami, pour toi chère amie

Couplet 3 :
Tu es notre rayon de soleil, notre source d'inspiration
Tu nous apportes tant de bonheur, tant de satisfactions
Aujourd'hui, nous voulons te rendre ce que tu nous donnes

Et faire de ce jour un moment d'amour, de complicité, de raison

Refrain :
Aujourd'hui c'est ton anniversaire
Que cette journée soit une lumière
De bonheur et de joie, de douceur et de paix

Pour toi cher ami, pour toi chère amie

Couplet 4 :
Nous te souhaitons du fond du coeur une longue vie heureuse
Des années pleines de santé, de réussite et de bonheur merveilleux
Que la vie te soit toujours douce et lumineuse

Et que chaque jour soit un nouveau départ pour des lendemains merveilleux

Refrain :
Aujourd'hui c'est ton anniversaire
Que cette journée soit une lumière
De bonheur et de joie, de douceur et de paix

Pour toi cher ami, pour toi chère amie

Couplet 5 :
Tu es un cadeau précieux pour nous tous ici présents
Et nous sommes si fiers de t'avoir dans notre vie en ce moment
Nous te remercions pour ta présence, ta gentillesse et ta bienveillance

Et nous t'aimons de tout notre coeur avec une grande reconnaissance

Refrain :
Aujourd'hui c'est ton anniversaire
Que cette journée soit une lumière
De bonheur et de joie, de douceur et de paix

Pour toi cher ami, pour toi chère amie

15.- Belle Punta Cana, on se reverra!

Refrain :
Belle Punta Cana, on se reverra
Crois moi, crois moi, mon cœur est en émoi

Couplet 1 :
Sous tes palmiers, j'ai trouvé le bonheur
Ta mer turquoise, ton sable blanc, ta douceur
Je t'ai quitté, mais mon âme reste là

Je reviendrai, pour retrouver ma joie

Refrain :
Belle Punta Cana, on se reverra

Crois moi, crois moi, mon cœur est en émoi

Couplet 2 :
J'ai dansé sous tes étoiles la nuit
J'ai chanté avec tes oiseaux au matin
Tes parfums, tes couleurs, tes saveurs

Me rappellent que je t'ai dans le cœur

Refrain :
Belle Punta Cana, on se reverra

Crois moi, crois moi, mon cœur est en émoi

Couplet 3 :
Tes plages sont mes souvenirs les plus doux
Tes vagues m'ont bercé comme un tout-petit
Je sais que tu m'attends, j'entends ta voix

Tu me dis que tu es toujours là pour moi

Refrain :
Belle Punta Cana, on se reverra

Crois moi, crois moi, mon cœur est en émoi

Couplet 4 :
Ton soleil m'a réchauffé le cœur
Tes paysages ont émerveillé mon âme
Je suis parti, mais je suis sûr

Que tu restes le lieu de mes rêves les plus fous

Refrain :
Belle Punta Cana, on se reverra

Crois moi, crois moi, mon cœur est en émoi

Couplet 5 :
Tes gens m'ont accueilli avec chaleur
Tes sourires ont illuminé mon séjour
Je garde en moi tes instants de bonheur

Et je sais que bientôt, je reviendrai en ta demeure

Refrain :
Belle Punta Cana, on se reverra

Crois moi, crois moi, mon cœur est en émoi.

16.- Mon papa, mon héros!

Refrain:
Mon papa, mon héros,
Mon guide, mon phare dans la nuit,
Tu m'apprends à grandir,
Et je te suis reconnaissant pour la vie.

Couplet 1:
Dès le premier jour,
Tu m'as montré l'amour,
Tu m'as donné ta force,

Pour que je puisse tracer ma course.

Couplet 2:
Tu m'as enseigné l'honneur,
La dignité et la valeur,
De travailler dur et de donner,

Tout ce que j'ai pour la société.

Refrain:
Mon papa, mon héros,
Mon guide, mon phare dans la nuit,
Tu m'apprends à grandir,

Et je te suis reconnaissant pour la vie.

Couplet 3:
Tu m'as montré la compassion,
La gentillesse et la passion,
Pour aider les autres et faire une différence,

Dans le monde où nous vivons tous ensemble.

Couplet 4:
Tu m'as montré la persévérance,
Et l'importance de la résilience,
De ne jamais abandonner,

Et de continuer à avancer.

Refrain:
Mon papa, mon héros,
Mon guide, mon phare dans la nuit,
Tu m'apprends à grandir,

Et je te suis reconnaissant pour la vie.

Couplet 5:
Maintenant que je suis devenu grand,
Je ne t'oublierai jamais, mon cher papa,
Je continuerai à te remercier,

Pour tout ce que tu as fait pour moi.

Refrain:
Mon papa, mon héros,
Mon guide, mon phare dans la nuit,
Tu m'apprends à grandir,

Et je te suis reconnaissant pour la vie.

17.- Justice!

Couplet 1:
La justice, elle est essentielle
Pour une société juste et belle
Elle garantit l'égalité
Entre tous les membres de la cité

Refrain:
Justice, justice pour tous
Pour que chacun se sente debout
Justice, justice pour l'humanité

Pour un monde en paix, en vérité

Couplet 2:
Quand la loi est respectée
Les citoyens se sentent protégés
Ils ont confiance en leur avenir

Et leur liberté ne peut que fleurir

Refrain:
Justice, justice pour tous
Pour que chacun se sente debout
Justice, justice pour l'humanité

Pour un monde en paix, en vérité

Couplet 3:
La justice, c'est aussi l'équité
Pour tous les cas, même les plus compliqués
Elle doit être impartiale

Pour être respectée et universelle

Refrain:
Justice, justice pour tous
Pour que chacun se sente debout
Justice, justice pour l'humanité

Pour un monde en paix, en vérité

Couplet 4:
La justice, elle protège les plus faibles
Des abus des plus forts et des sables
Elle est garante de nos droits

Et nous rend plus forts, plus droits

Refrain:
Justice, justice pour tous
Pour que chacun se sente debout
Justice, justice pour l'humanité

Pour un monde en paix, en vérité

Couplet 5:
La justice est un pilier de la démocratie
Elle nous guide vers la fraternité
Elle est source de progrès

Et de tous les changements nécessaires

Refrain:
Justice, justice pour tous
Pour que chacun se sente debout
Justice, justice pour l'humanité

Pour un monde en paix, en vérité

18.- Monferrier Dorval

Refrain:
Justice pour les avocats persécutés,
Pour le Bâtonnier Monferrier Dorval assassiné.

Couplet 1:
Dans l'exercice de leur mission,
Les avocats font face à des pressions,
Pour protéger les droits des plus faibles,

Ils sont parfois mis à l'épreuve.

Refrain:
Justice pour les avocats persécutés,

Pour le Bâtonnier Monferrier Dorval assassiné.

Couplet 2:
Le Bâtonnier Dorval a été tué,
Pour avoir défendu la vérité,
Le crime doit être élucidé,

Pour que justice soit rendue.

Refrain:
Justice pour les avocats persécutés,

Pour le Bâtonnier Monferrier Dorval assassiné.

Couplet 3:
Les avocats sont les gardiens de la loi,
Ils protègent les droits de tous les citoyens,
Mais lorsque leur vie est menacée,

Ils sont laissés à leur sort abandonnés.

Refrain:
Justice pour les avocats persécutés,

Pour le Bâtonnier Monferrier Dorval assassiné.

Couplet 4:
Le Bâtonnier Dorval était un homme intègre,
Il a consacré sa vie à la justice,
Son assassinat a choqué le pays,

Mais nous ne devons pas baisser les bras.

Refrain:
Justice pour les avocats persécutés,

Pour le Bâtonnier Monferrier Dorval assassiné.

Couplet 5:
Nous demandons justice pour les avocats,
Qui sont persécutés dans leur combat,
Pour que leur voix ne soit pas étouffée,

Et que la justice soit rétablie.

Refrain:
Justice pour les avocats persécutés,

Pour le Bâtonnier Monferrier Dorval assassiné.

19.-Saint-Louis!

Refrain 1:
Saint Louis, mon guide et mon roi,
Ta sagesse éclaire ma foi,
Je te désire pour la vie,
Ta bonté me réconforte et m'envoie.

Couplet 1:
Dans ta ville aux rues dorées,
Tu as bâti ta Sainte-Chapelle,
Symbole de ta foi en Christ,

De ta grandeur et de ta sagesse éternelles.

Refrain 2:
Saint Louis, mon modèle et mon père,
Ta charité est un trésor,
Je te désire pour la vie,

Ton amour m'inspire et me rend fort.

Couplet 2:
Au cœur des croisades lointaines,
Tu as porté la croix et la foi,
Toujours au service de ton peuple,

Tu as su rester humble et droit.

Refrain 1:
Saint Louis, mon guide et mon roi,
Ta sagesse éclaire ma foi,
Je te désire pour la vie,

Ta bonté me réconforte et m'envoie.

Couplet 3:
Dans les malheurs et les tourments,
Tu as montré ta force intérieure,
Ta foi en Dieu et en l'humanité,

Ont érigé ta stature.

Refrain 2:
Saint Louis, mon modèle et mon père,
Ta charité est un trésor,
Je te désire pour la vie,

Ton amour m'inspire et me rend fort.

Couplet 4:
Ta justice était implacable,
Mais jamais tu n'as été cruel,
Ton équité a fait ta gloire,

Et ta piété, ton éternelle beauté.

Refrain 1:
Saint Louis, mon guide et mon roi,
Ta sagesse éclaire ma foi,
Je te désire pour la vie,

Ta bonté me réconforte et m'envoie.

Couplet 5:
Aujourd'hui encore, ta mémoire,
Brille comme un soleil rayonnant,
Tu es un modèle de sainteté,

Et ta bonté nous unit tous en chant.

Refrain 2:
Saint Louis, mon modèle et mon père,
Ta charité est un trésor,
Je te désire pour la vie,

Ton amour m'inspire et me rend fort.

20.- Passagers de la vie

Refrain :
La mort n'est qu'un passage obligé
Profitons de chaque instant donné

Couplet 1 :
Le temps file à toute allure
La vie nous échappe sans censure
Nous ne sommes que de simples passagers

Dans un train en route vers le dernier voyage

Refrain :
La mort n'est qu'un passage obligé

Profitons de chaque instant donné

Couplet 2 :
La vie est un cadeau éphémère
Qu'il faut savoir savourer sans faire taire
Les rires, les joies, les sourires

Autant de souvenirs qu'il faut savoir chérir

Refrain :
La mort n'est qu'un passage obligé

Profitons de chaque instant donné

Couplet 3 :
Le temps ne se laisse pas rattraper
Il coule comme un torrent sans s'arrêter
Nos rêves, nos projets, nos espoirs

Il faut les réaliser avant qu'il soit trop tard

Refrain :
La mort n'est qu'un passage obligé

Profitons de chaque instant donné

Couplet 4 :
La mort n'est pas une fin en soi
Mais un commencement pour une nouvelle loi
Nous devons apprendre à l'accepter

Et vivre notre vie sans jamais s'arrêter

Refrain :
La mort n'est qu'un passage obligé

Profitons de chaque instant donné

Couplet 5 :
La vie est courte, elle n'attend pas
Il faut la vivre à fond, sans aucun tracas
Chaque instant est précieux, chaque jour est unique

Profitons-en avant que tout ne devienne oblique

Refrain :
La mort n'est qu'un passage obligé

Profitons de chaque instant donné

21.- MikaBen 4 Ever!

Refrain:
Mikaben, t'es parti trop tôt
Tu resteras pour toujours notre héros
Ton sourire, ta voix, ta musique sont là
Pour nous guider dans nos pas

Couplet 1:
Ta vie, Mikaben, est un exemple pour nous tous
Tu as su transmettre l'amour et la paix à tous
Ton départ a été brutal, mais tu resteras éternel

Tu seras toujours dans nos cœurs, tu es immortel

Refrain:
Mikaben, t'es parti trop tôt
Tu resteras pour toujours notre héros
Ton sourire, ta voix, ta musique sont là

Pour nous guider dans nos pas

Couplet 2:
Tu as laissé derrière toi des souvenirs inoubliables
Des chansons qui resteront gravées à jamais dans nos vies
Ton talent, ta passion, ta générosité sont sans pareil

Tu es parti avant, mais tu seras toujours avec nous

Refrain:
Mikaben, t'es parti trop tôt
Tu resteras pour toujours notre héros
Ton sourire, ta voix, ta musique sont là

Pour nous guider dans nos pas

Couplet 3:
Tu as su toucher les cœurs de millions de personnes
Ta musique a rassemblé les gens de toutes les régions
Tu nous as offert des moments de joie et d'émotion

Ton départ est triste, mais tu nous a laissé une grande leçon

Refrain:
Mikaben, t'es parti trop tôt
Tu resteras pour toujours notre héros
Ton sourire, ta voix, ta musique sont là

Pour nous guider dans nos pas

Couplet 4:
Tu as été un modèle pour les jeunes artistes
Tu as montré que la musique peut être une arme pacifique
Tu as défendu la culture haïtienne avec force et conviction

Ton départ nous laisse un grand vide, mais tu restes notre inspiration

Refrain:
Mikaben, t'es parti trop tôt
Tu resteras pour toujours notre héros
Ton sourire, ta voix, ta musique sont là

Pour nous guider dans nos pas

Couplet 5:
Nous te disons adieu, Mikaben, avec tristesse
Mais nous gardons en nous ta lumière et ta sagesse
Tu es parti avant, mais tu restes notre étoile

Tu continueras de briller dans nos cœurs, pour toujours et plus loin que l'étoile.

Refrain:
Mikaben, t'es parti trop tôt
Tu resteras pour toujours notre héros
Ton sourire, ta voix, ta musique sont là

Pour guider , chaque jour, nos pas.

22.- Qu'est-ce que la vie!

Refrain:
Au commencement des temps,
Dans un monde encore naissant,
L'homme est né de la vie,
Pour parcourir cette terre infinie.

Couplet 1:
Il y a bien longtemps, dans les profondeurs de l'univers,
Un élan mystérieux fit surgir la vie sur terre,
De simples cellules se développèrent peu à peu,

Pour donner naissance à une espèce, la nôtre, l'homme.

Refrain:
Au commencement des temps,
Dans un monde encore naissant,
L'homme est né de la vie,

Pour parcourir cette terre infinie.

Couplet 2:
Dans les premiers temps, l'homme était un être fragile,
Mais sa curiosité le poussa à explorer le monde fertile,
Il apprit à chasser, à cueillir, à cultiver la terre,

Et devint peu à peu le maître de sa destinée.

Refrain:
Au commencement des temps,
Dans un monde encore naissant,
L'homme est né de la vie,

Pour parcourir cette terre infinie.

Couplet 3:
De tribus en civilisations, l'homme a évolué,
Créant des œuvres d'art, des sciences et des technologies,
Il a bâti des villes, des empires, des royaumes,

Et exploré les contrées les plus lointaines.

Refrain:
Au commencement des temps,
Dans un monde encore naissant,
L'homme est né de la vie,

Pour parcourir cette terre infinie.

Couplet 4:
Mais l'homme a aussi connu la guerre, la souffrance,
Il a causé des ravages, des destructions sans conscience,
Il a exploité la nature, pollué les océans,

Mais il a aussi su prendre conscience de son impact.

Refrain:
Au commencement des temps,
Dans un monde encore naissant,
L'homme est né de la vie,

Pour parcourir cette terre infinie.

Couplet 5:
Aujourd'hui, l'homme doit apprendre à préserver la vie,
À protéger la planète, à vivre en harmonie,
Il doit retrouver la sagesse de ses ancêtres,

Pour continuer à avancer, sans jamais se perdre.

Refrain:
Au commencement des temps,
Dans un monde encore naissant,
L'homme est né de la vie,

Pour parcourir cette terre infinie.

<u>23.- *Hommes et femmes, unis pour la vie*</u>

Couplet 1:
Hommes et femmes, unis par le cœur,
De leur amour, naît le bonheur,
Ensemble, ils affrontent les épreuves,
Leur amour est plus fort que la grève,
Unis pour toujours, leur vie est douceur.

Refrain:
Hommes et femmes, ensemble pour la vie,

Leurs rapports sont emplis de tendresse infinie.

Couplet 2:
De leur union, naissent des enfants,
Leur amour est un cadeau évident,
La vie est plus belle, plus riche en couleurs,
Les obstacles sont plus facilement surmontés, sans douleurs,

L'amour est un lien, indestructible et éternellement grand.

Refrain:
Hommes et femmes, ensemble pour la vie,

Leurs rapports sont emplis de tendresse infinie.

Couplet 3:
Ils partagent les joies et les peines,
Ils se soutiennent en toutes circonstances,
Leur amour est une source de bonheur,
Leur vie est un parfait équilibre sans peur,

Leur couple est le fruit d'une union saine.

Refrain:
Hommes et femmes, ensemble pour la vie,

Leurs rapports sont emplis de tendresse infinie.

Couplet 4:
Ils se comprennent et se respectent,
Leur amour est un voyage magnifique,
Ils se complètent parfaitement,
Leur vie est un épanouissement constant,

Leur union est un véritable chef-d'œuvre.

Refrain:
Hommes et femmes, ensemble pour la vie,

Leurs rapports sont emplis de tendresse infinie.

Couplet 5:
Ils se câlinent et se caressent,
Leur amour est un vrai plaisir,
Ils se cherissent et s'embrassent,
Leur amour est un pur délice,

Leur couple est un modèle à suivre sans cesse.

Refrain:
Hommes et femmes, ensemble pour la vie,

Leurs rapports sont emplis de tendresse infinie.

24.- Je t'aime plus que tout!

Refrain 1:
Cet amour me tue
Mais j'ai besoin de toi
Je ne peux pas vivre sans toi
Ma belle, je t'aime plus que tout

Couplet 1:
Chaque jour qui passe
Je suis de plus en plus accro
Ton sourire me rend heureux

Je ne peux pas imaginer la vie sans toi

Couplet 2:
Tu es mon soleil
Tu illumines ma journée
Je ne veux pas te perdre

Je veux passer ma vie à tes côtés

Refrain 2:
Cet amour me tue
Mais j'ai besoin de toi
Je ne peux pas vivre sans toi

Ma belle, je t'aime plus que tout

Couplet 3:
Ton rire est comme une mélodie
Qui berce mon cœur chaque nuit
Je suis fou de toi

Je suis prêt à tout pour te garder près de moi

Couplet 4:
Tu es la raison pour laquelle je me lève chaque matin
Tu es la lumière qui éclaire mon chemin
Je ne peux pas imaginer la vie sans toi

Je suis tellement amoureux de toi

Refrain 3:
Cet amour me tue
Mais j'ai besoin de toi
Je ne peux pas vivre sans toi

Ma belle, je t'aime plus que tout

Couplet 5:
Je sais que je ne suis pas parfait
Mais je suis prêt à tout pour toi
Tu es ma raison de vivre

Je t'aime plus que tout au monde

Refrain 4:
Cet amour me tue
Mais j'ai besoin de toi
Je ne peux pas vivre sans toi

Ma belle, je t'aime plus que tout

Refrain final:
Cet amour me tue
Mais j'ai besoin de toi
Je ne peux pas imaginer la vie sans toi

Ma belle, je t'aime plus que tout.

25.- Allez! Allez! Les grenadiers!

Haïti mon pays, terre de couleurs,
Où la musique vibre et embaume les cœurs,
Des montagnes au bord de mer,
Nous sommes fiers de notre identité, notre fierté.

Allez allez, Manno Sanon, Duckens Nazon,
Nos footballeurs, nos héros, nos champions,
Les grenadiers portent haut les couleurs,

Dans le stade, ils font résonner les ole ole en chœur.

Sur le terrain, ils sont invincibles,
Le ballon roule, ils sont insaisissables,
Ils ont l'âme guerrière et le cœur brûlant,

Pour notre pays, ils sont prêts à tout moment.

Haiti cheri nan batay,
Nous sommes unis, nous sommes forts,
Nous avons l'amour et la passion,

Pour notre pays, nous donnons tout, sans exception.

Allez allez, Manno Sanon, Duckens Nazon,
Nos footballeurs, nos héros, nos champions,
Les grenadiers portent haut les couleurs,

Dans le stade, ils font résonner les ole ole en chœur.

Nous sommes Haïti, nous sommes fierté,
Nous avons l'histoire et la beauté,
Notre pays est riche de sa culture,

Nous la portons en nous, avec honneur et fierté.

Allez allez, Manno Sanon,
Allez allez, Duckens Nazon,
Nos footballeurs, nos héros, nos champions,

Les grenadiers portent haut les couleurs,

Dans le stade, ils font résonner les ole ole en chœur.

Haiti cheri nan batay,
Nous sommes unis, nous sommes forts,
Nous avons l'amour et la passion,

Pour notre pays, nous donnons tout, sans exception.

Allez allez, Manno Sanon,
Allez allez, Duckens Nazon,
Nos footballeurs, nos héros, nos champions,
Les grenadiers portent haut les couleurs,

Dans le stade, ils font résonner les ole ole en chœur.

Haiti cheri nan batay,
Nous sommes unis, nous sommes forts,
Nous avons l'amour et la passion,

Pour notre pays, nous donnons tout, sans exception.

26.- Parlons d'argent, ma belle

Couplet 1:
Tu sais que j'adore ta compagnie,
On passe de bons moments, c'est garanti,
Mais il y a quelque chose qui me tracasse,
C'est l'argent, il faut qu'on en parle, c'est une impasse.

Refrain:
Parlons d'argent, ma belle,
Ça peut être dur, mais ça vaut le coup,
On peut régler nos dettes, sans qu'ça dégénère,

Et continuer notre vie sans qu'ça ne nous pèse.

Couplet 2:
Je sais qu'on est pas riches, ça j'en suis sûr,
Mais on peut s'en sortir si on est matures,
On peut faire des économies, et mieux gérer nos dépenses,

Pour être plus à l'aise, sans avoir de la chance.

Refrain:
Parlons d'argent, ma belle,
Ça peut être dur, mais ça vaut le coup,
On peut régler nos dettes, sans qu'ça dégénère,

Et continuer notre vie sans qu'ça ne nous pèse.

Pont:
Je ne veux pas que l'argent nous divise,
Mais je veux qu'on en parle, sans compromis,
On peut trouver une solution, ensemble,

Pour être plus heureux, sans que ça ne nous assemble.

Refrain:
Parlons d'argent, ma belle,
Ça peut être dur, mais ça vaut le coup,
On peut régler nos dettes, sans qu'ça dégénère,

Et continuer notre vie sans qu'ça ne nous pèse.

Outro:
Parlons d'argent, ma belle,
C'est pas facile, mais on peut le faire,
sans que ça ne nous blesse,

Il suffit d'en parler, sans qu'ça ne nous stresse.

27.- No S'x, No Sport, No Sleep!

Couplet 1:
No sex, no sport, no sleep,
C'est le credo que je me tiens,
Je travaille sans relâche, je me dépêche,
Mais j'ai l'impression de ne plus être humain.

Refrain:
No sex, no sport, no sleep,
C'est un rythme effréné,
Je me sens seul dans ma peine,

Mais je ne peux m'arrêter.

Couplet 2:
Je suis toujours connecté,
À mon téléphone, mon ordinateur,
Je ne vois pas le temps passer,

Je suis comme prisonnier de ma propre demeure.

Refrain:
No sex, no sport, no sleep,
C'est un rythme effréné,
Je me sens seul dans ma peine,

Mais je ne peux m'arrêter.

Couplet 3:
Je rêve de m'évader,
De partir loin de tout ça,
Mais je suis bloqué dans ce rythme effréné,

Et je ne sais pas comment m'en sortir de là.

Refrain:
No sex, no sport, no sleep,
C'est un rythme effréné,
Je me sens seul dans ma peine,

Mais je ne peux m'arrêter.

Couplet 4:
J'aimerais prendre le temps,
De faire les choses qui comptent,
Comme passer du temps avec mes amis,

Ou simplement m'allonger sur un banc.

Refrain:
No sex, no sport, no sleep,
C'est un rythme effréné,
Je me sens seul dans ma peine,

Mais je ne peux m'arrêter.

Couplet 5:
Je sais que je suis fatigué,
Et que ça commence à me peser,
Mais je me dis que je ne peux pas faillir,

Que je dois continuer à travailler.

Refrain:
No sex, no sport, no sleep,
C'est un rythme effréné,
Je me sens seul dans ma peine,

Mais je ne peux m'arrêter.

Couplet 6:
Je ne veux pas être esclave,
De ce rythme effréné,
Je veux vivre ma vie pleinement,

Et profiter de chaque instant.

Refrain:
No sex, no sport, no sleep,
C'est un rythme effréné,

Je me sens seul dans ma peine,

Mais je ne peux m'arrêter.

Outro:
No sex, no sport, no sleep,
Je ne veux plus de ça,
Je veux vivre librement,

Et trouver enfin le vrai bonheur.

28.- Les faux amis, c'est comme une lame

Couplet 1:
On dit qu'on peut compter sur ses amis,
Mais parfois ils nous trahissent,
Ils nous mentent, ils nous manipulent,
Et on se retrouve seul face à notre destin.

Refrain:
Les faux amis, c'est comme une lame,
Qui nous coupe en plein coeur,
On ne s'y attend pas, c'est une blessure profonde,

Qui nous fait douter de tout ce qu'on croit.

Couplet 2:
On pense qu'on les connaît bien,
Mais on se trompe sur leur vrai visage,
Ils nous sourient, ils nous font des compliments,

Mais c'est pour mieux nous enfoncer dans la cage.

Refrain:
Les faux amis, c'est comme une lame,
Qui nous coupe en plein coeur,
On ne s'y attend pas, c'est une blessure profonde,

Qui nous fait douter de tout ce qu'on croit.

Couplet 3:
Ils nous écoutent, ils nous conseillent,
Mais en réalité ils ne cherchent qu'à nous éloigner,
De ceux qui nous aiment vraiment,

Pour mieux nous posséder.

Refrain:
Les faux amis, c'est comme une lame,
Qui nous coupe en plein coeur,
On ne s'y attend pas, c'est une blessure profonde,

Qui nous fait douter de tout ce qu'on croit.

Couplet 4:
Mais il ne faut pas se laisser abattre,
Il faut se relever et avancer,
Car les vrais amis sont là pour nous soutenir,

Et nous aider à surmonter les épreuves de la vie.

Refrain:
Les faux amis, c'est comme une lame,
Qui nous coupe en plein coeur,
On ne s'y attend pas, c'est une blessure profonde,

Qui nous fait douter de tout ce qu'on croit.

Pont:
Il faut savoir faire le tri,
Entre les vrais et les faux amis,
Ne jamais baisser les bras,

Et ne jamais perdre de vue ce qui est vrai.

Refrain:
Les faux amis, c'est comme une lame,
Qui nous coupe en plein coeur,
On ne s'y attend pas, c'est une blessure profonde,

Qui nous fait douter de tout ce qu'on croit.

Outro:
Les faux amis peuvent nous blesser,
Mais ils ne peuvent pas nous détruire,
Car nous avons la force de nous relever,

Et de continuer à croire en ce qui est vrai.

29.- Ton calme, une brise légère

Couplet 1:
Ton calme est comme une brise légère,
Qui apaise la tempête en toi,
Tu peux affronter toutes les colères,
Et garder le contrôle en toute foi.

Refrain:
Ton calme, c'est l'arme qu'il te faut,
Pour vaincre les tempêtes de la vie,
Tu peux tout affronter, tu es plus fort,

Avec ta sérénité qui te nourrit.

Couplet 2:
Tu as traversé des épreuves,
Qui auraient pu te faire sombrer,
Mais tu as gardé ton sang-froid,

Et tu as continué d'avancer.

Refrain:
Ton calme, c'est l'arme qu'il te faut,
Pour vaincre les tempêtes de la vie,
Tu peux tout affronter, tu es plus fort,

Avec ta sérénité qui te nourrit.

Couplet 3:
Tu sais que parfois les choses t'échappent,
Mais tu ne paniques pas pour autant,
Tu gardes ton sang-froid et tu te relèves,

Car tu sais que tu es capable de tout affronter.

Refrain:
Ton calme, c'est l'arme qu'il te faut,
Pour vaincre les tempêtes de la vie,
Tu peux tout affronter, tu es plus fort,

Avec ta sérénité qui te nourrit.

Couplet 4:
Tu es comme une île de paix,
Au milieu de la tempête qui gronde,
Tu sais garder la tête froide,

Et continuer d'avancer sans relâche.

Refrain:
Ton calme, c'est l'arme qu'il te faut,
Pour vaincre les tempêtes de la vie,
Tu peux tout affronter, tu es plus fort,

Avec ta sérénité qui te nourrit.

Couplet 5:
Tu es une source d'inspiration,
Pour ceux qui te connaissent bien,
Car tu prouves qu'on peut être fort,

Même dans les moments les plus difficiles.

Refrain:
Ton calme, c'est l'arme qu'il te faut,
Pour vaincre les tempêtes de la vie,
Tu peux tout affronter, tu es plus fort,

Avec ta sérénité qui te nourrit.

Couplet 6:
Tu sais que le calme n'est pas la faiblesse,
Mais une force intérieure qui te guide,
Tu peux surmonter toutes les épreuves,

Car tu as cette arme qui te donne la victoire.

Refrain:
Ton calme, c'est l'arme qu'il te faut,
Pour vaincre les tempêtes de la vie,

Tu peux tout affronter, tu es plus fort,

Avec ta sérénité qui te nourrit.

Outro:
Ton calme est un don précieux,
Qui te permet de surmonter les obstacles,
Tu es plus fort que tu ne le penses,

Et tu peux tout affronter avec cette arme en toi.

30- L'amour, le fil conducteur de ma vie!

Couplet 1:
Sans amour je suis perdu,
Comme un bateau sans gouvernail,
Je me sens seul et dépourvu,
Sans cette flamme qui me maintient à flot.

Refrain:
Si je n'ai pas d'amour, je ne suis rien,
Sans toi, je ne suis qu'un corps sans âme,
Car l'amour est le fil conducteur de ma vie,

Et sans lui, je ne suis qu'un être sans flamme.

Couplet 2:
L'amour est la lumière de ma vie,
Qui illumine chacun de mes pas,
Il est la raison pour laquelle je souris,

Et me donne la force de continuer.

Refrain:
Si je n'ai pas d'amour, je ne suis rien,
Sans toi, je ne suis qu'un corps sans âme,
Car l'amour est le fil conducteur de ma vie,

Et sans lui, je ne suis qu'un être sans flamme.

Couplet 3:
L'amour est une flamme qui brûle,
Et qui jamais ne s'éteint,
Il est cette douceur qui m'accompagne,

Et me guide sur le chemin.

Refrain:
Si je n'ai pas d'amour, je ne suis rien,
Sans toi, je ne suis qu'un corps sans âme,

Car l'amour est le fil conducteur de ma vie,

Et sans lui, je ne suis qu'un être sans flamme.

Couplet 4:
L'amour est cette chaleur qui m'enveloppe,
Et qui me donne le courage de continuer,
Il est cette énergie qui me pousse,

Et qui me permet de ne jamais abandonner.

Refrain:
Si je n'ai pas d'amour, je ne suis rien,
Sans toi, je ne suis qu'un corps sans âme,
Car l'amour est le fil conducteur de ma vie,

Et sans lui, je ne suis qu'un être sans flamme.

Couplet 5:
L'amour est cette force qui me fait vibrer,
Et qui me donne l'envie d'avancer,
Il est cette boussole qui me guide,

Et me montre toujours la voie à suivre.

Refrain:
Si je n'ai pas d'amour, je ne suis rien,
Sans toi, je ne suis qu'un corps sans âme,
Car l'amour est le fil conducteur de ma vie,

Et sans lui, je ne suis qu'un être sans flamme.

Couplet 6:
L'amour est le cadeau le plus précieux,
Que l'on puisse recevoir dans notre vie,
Il est cette source de bonheur,

Qui nous rend la vie plus jolie.

Refrain:
Si je n'ai pas d'amour, je ne suis rien,
Sans toi, je ne suis qu'un corps sans âme,
Car l'amour est le fil conducteur de ma vie,

Et sans lui, je ne suis qu'un être sans flamme.

Outro:
L'amour est cette énergie qui nous anime,
Et qui nous donne la force de continuer,
Il est ce souffle qui nous maintient en vie,

Et qui nous permet d'exister pleinement.

31.- Viva la salsa!

Couplet 1:
Dans les rues de la ville,
Les corps bougent en rythme,
La salsa nous ensorcelle,
Et nous transporte dans l'éther.

Refrain:
Que viva la salsa, carramba!
La musique qui fait vibrer nos âmes,
Que viva la salsa, carramba!

La danse qui nous fait tous danser.

Couplet 2:
Les trompettes résonnent,
Les percussions nous enflamment,
La chaleur monte en nous,

Et nos cœurs battent au même tempo.

Refrain:
Que viva la salsa, carramba!
La musique qui fait vibrer nos âmes,
Que viva la salsa, carramba!

La danse qui nous fait tous danser.

Couplet 3:
La salsa est notre passion,
Elle nous relie tous ensemble,
Peu importe notre condition,

Nous dansons tous sur le même tempo.

Refrain:
Que viva la salsa, carramba!
La musique qui fait vibrer nos âmes,
Que viva la salsa, carramba!

La danse qui nous fait tous danser.

Couplet 4:
La salsa nous rend heureux,
Elle nous fait oublier nos soucis,
Et nous laisse juste le temps,

De profiter de l'instant présent.

Refrain:
Que viva la salsa, carramba!
La musique qui fait vibrer nos âmes,
Que viva la salsa, carramba!

La danse qui nous fait tous danser.

Outro:
La salsa est une énergie qui nous unit,
Et qui nous fait vibrer tous ensemble,
Que viva la salsa, carramba!

La danse qui nous fera toujours danser.

32.-Je dois m'en aller, Chère Marianne!

Couplet 1:
Je suis un homme responsable,
Je ne peux pas te mentir,
Notre amour est terminé,
Je ne peux plus te retenir.

Refrain:
Je dois m'en aller loin, très loin,
Et laisser derrière moi notre histoire,
Je dois m'en aller loin, très loin,

Et tourner la page sans regret ni remords.

Couplet 2:
Je suis désolé de te faire souffrir,
Mais je ne peux plus continuer,
Je dois prendre mes distances,

Pour mieux me retrouver.

Refrain:
Je dois m'en aller loin, très loin,
Et laisser derrière moi notre histoire,
Je dois m'en aller loin, très loin,

Et tourner la page sans regret ni remords.

Couplet 3:
Je n'oublierai jamais les moments passés,
Mais il est temps de tourner la page,
Je dois me libérer de mes chaînes,

Et de mon cœur encombré.

Refrain:
Je dois m'en aller loin, très loin,
Et laisser derrière moi notre histoire,
Je dois m'en aller loin, très loin,

Et tourner la page sans regret ni remords.

Couplet 4:
Je sais que cela ne sera pas facile,
Mais je dois prendre ce risque,
Je dois partir pour mieux avancer,

Et peut-être retrouver un jour ma musique.

Refrain:
Je dois m'en aller loin, très loin,
Et laisser derrière moi notre histoire,
Je dois m'en aller loin, très loin,

Et tourner la page sans regret ni remords.

Outro:
Je suis un homme responsable,
Je ne peux pas te mentir,
Notre amour est terminé,

Je ne peux plus te retenir.

34.- Libre de t'aimer

Couplet 1:
Je m'endors en paix ce soir,
Parce que tu seras à mes côtés,
Dans tes bras je suis en sécurité,
Et mon cœur est comblé.

Refrain:
Oh mon amour, mon tendre ami,
Tu es mon ange, mon réconfort,
Avec toi, je me sens libre,

Et mon amour pour toi est plus fort.

Couplet 2:
Tu es la lumière dans ma nuit,
La douce brise dans mes cheveux,
Tu m'as apporté la sérénité,

Et mon cœur bat pour toi, heureux.

Refrain:
Oh mon amour, mon tendre ami,
Tu es mon ange, mon réconfort,
Avec toi, je me sens libre,

Et mon amour pour toi est plus fort.

Couplet 3:
Dans tes yeux je vois l'amour,
Et dans tes gestes la tendresse,
Tu me comprends sans un mot,

Et tu m'apportes tant de richesses.

Refrain:
Oh mon amour, mon tendre ami,
Tu es mon ange, mon réconfort,
Avec toi, je me sens libre,

Et mon amour pour toi est plus fort.

Couplet 4:
Tu es mon amour, mon roi,
Ma passion, mon tout,
Tu me fais sentir si belle,

Et je suis heureuse de t'avoir.

Refrain:
Oh mon amour, mon tendre ami,
Tu es mon ange, mon réconfort,
Avec toi, je me sens libre,

Et mon amour pour toi est plus fort.

Couplet 5:
Je suis tellement reconnaissante,
De t'avoir à mes côtés,
Et je sais que chaque jour,

Je t'aimerai un peu plus fort, sans jamais m'arrêter.

Refrain:
Oh mon amour, mon tendre ami,
Tu es mon ange, mon réconfort,
Avec toi, je me sens libre,

Et mon amour pour toi est plus fort.

Outro:
Dans tes bras je suis en sécurité,
Et mon cœur est comblé,
Je m'endors en paix ce soir,

Parce que tu seras à mes côtés.

35.- Séparation

Couplet 1:
Madame, votre décision est prise,
Vous voulez mettre fin à notre union,
Mais je ne vais pas pleurer sur mon sort,
Je vais relever la tête et avancer avec passion.

Refrain:
Le divorce rend libre les hommes ambitieux,
Qui veulent réussir et briller de mille feux,
Je suis déterminé à prendre mon envol,

Et rien ne pourra m'arrêter, ni les regrets ni les échecs.

Couplet 2:
Madame, vous pouvez garder les souvenirs,
Les moments heureux et les photos encadrées,
Moi, je vais me concentrer sur l'avenir,

Sur mes rêves, mes projets et mes idées.

Refrain:
Le divorce rend libre les hommes ambitieux,
Qui veulent réussir et briller de mille feux,
Je suis déterminé à prendre mon envol,

Et rien ne pourra m'arrêter, ni les regrets ni les échecs.

Couplet 3:
Madame, ne vous inquiétez pas pour moi,
Je vais trouver ma voie et me réaliser,
Je vais me libérer de mes chaînes,

Et vivre enfin ma vie, sans me faire contraindre.

Refrain:
Le divorce rend libre les hommes ambitieux,
Qui veulent réussir et briller de mille feux,
Je suis déterminé à prendre mon envol,

Et rien ne pourra m'arrêter, ni les regrets ni les échecs.

Couplet 4:
Madame, je vous remercie pour les leçons,
Les bons moments et les épreuves endurées,
Je vais prendre ce divorce comme une opportunité,

Pour me réinventer et enfin me libérer.

Refrain:
Le divorce rend libre les hommes ambitieux,
Qui veulent réussir et briller de mille feux,
Je suis déterminé à prendre mon envol,

Et rien ne pourra m'arrêter, ni les regrets ni les échecs.

Couplet 5:
Madame, ce n'est pas la fin de ma vie,
C'est le début d'une nouvelle aventure,
Je vais me battre pour réaliser mes rêves,

Et vivre ma vie sans aucune censure.

Refrain:
Le divorce rend libre les hommes ambitieux,
Qui veulent réussir et briller de mille feux,
Je suis déterminé à prendre mon envol,

Et rien ne pourra m'arrêter, ni les regrets ni les échecs.

Outro:
Madame, rendez-moi ma liberté,
Je veux prendre mon envol et me réaliser,
Le divorce peut être douloureux, mais aussi libérateur,

Pour les hommes ambitieux qui veulent réussir

36.- Mon bonheur, c'est toi!

Couplet 1:
Tu me regardes avec des yeux brillants,
Et tu me dis que je suis beau comme un enfant,
Mais moi j'ai peur de te dire la vérité,
Combien tu es belle à mes yeux, ma chère aimée.

Refrain:
C'est compliqué, je ne trouve pas les mots,
Pour te dire tout ce que je ressens pour toi,
Mais je veux que tu saches que je t'aime,

Et que tu es la plus belle femme de tous les thèmes.

Couplet 2:
Je ne suis pas un poète ni un artiste,
Mais mon amour pour toi, c'est ma plus belle piste,
Tu es la plus belle fleur de mon jardin,

Et je veux te garder près de moi, jusqu'à la fin.

Refrain:
C'est compliqué, je ne trouve pas les mots,
Pour te dire tout ce que je ressens en moi,
Mais je veux que tu saches que je t'aime,

Et que tu es la plus belle femme de tous les thèmes.

Couplet 3:
Tes yeux, tes cheveux, ta peau si douce,
Tout en toi me fascine et m'émoustille,
Je suis heureux à tes côtés, tu es mon bonheur,

Je veux que tu restes toujours près de mon cœur.

Refrain:
C'est compliqué, je ne trouve pas les mots,
Pour te dire tout ce que je ressens en moi,
Mais je veux que tu saches que je t'aime,

Et que tu es la plus belle femme de tous les thèmes.

Couplet 4:
Je suis peut-être timide, mais je suis sincère,
Je t'aime plus que tout, tu es ma lumière,
Je veux te chérir, te protéger, te rendre heureuse,

Je veux t'aimer jusqu'à la fin de mes jours, ma princesse.

Refrain:
C'est compliqué, je ne trouve pas les mots,
Pour te dire tout ce que je ressens en moi,
Mais je veux que tu saches que je t'aime,

Et que tu es la plus belle femme de tous les thèmes.

Outro:
Tu es mon amour, ma vie, mon tout,
Je t'aime plus que tout, je te le jure à genoux,
Je suis fier de toi, de ton sourire, de ton regard,

Et je te promets de t'aimer pour l'éternité, ma perle rare.

37.- Treat people politely

Verse 1:
When we treat each other fairly,
We can build something great and extraordinary,
In business and in life, it's a must,
To be honest and transparent, it's a trust.

Chorus:
The consequence of treating each other fairly,
Is success and happiness, beyond measure,
We build a foundation of trust and respect,

And our partnership is strong, we'll never deflect.

Verse 2:
In the world of money and deals,
It's easy to get lost in the appeals,
Of quick gains and shortcuts to success,

But true victory comes from honesty, I confess.

Chorus:
The consequence of treating each other fairly,
Is success and happiness, beyond measure,
We build a foundation of trust and respect,

And our partnership is strong, we'll never deflect.

Verse 3:
When we treat each other honestly,
We create a culture of integrity,
Our reputation speaks for itself,

And our success is built on solid wealth.

Chorus:
The consequence of treating each other fairly,

Is success and happiness, beyond measure,
We build a foundation of trust and respect,

And our partnership is strong, we'll never deflect.

Verse 4:
We can make money and make it right,
By being truthful and transparent in sight,
Our legacy will be one of honor,

And we'll inspire others to be fair and clever.

Chorus:
The consequence of treating each other fairly,
Is success and happiness, beyond measure,
We build a foundation of trust and respect,

And our partnership is strong, we'll never deflect.

Outro:
In conclusion, let's make a pact,
To always be fair, that's a fact,
For the consequence of treating each other fairly,

Is success and happiness, beyond measure.

38.-Democracy!

Verse 1:
Democracy gives me hope,
That our voices will be heard,
That our choices will be counted,
And our dreams will be spurred.

Chorus:
Democracy gives me faith,
In a better future for my country,
For the world, for generations to come,

Democracy gives me the power to overcome.

Verse 2:
In a democratic society,
We have the right to speak,
To choose our leaders wisely,

And to defend the meek.

Chorus:
Democracy gives me faith,
In a better future for my country,
For the world, for generations to come,

Democracy gives me the power to overcome.

Verse 3:
Democracy is a beacon of hope,
For those who seek equality,
For those who want justice,

And for those who desire liberty.

Chorus:
Democracy gives me faith,

In a better future for my country,
For the world, for generations to come,

Democracy gives me the power to overcome.

Verse 4:
Let us protect democracy,
And let our voices be heard,
For it is the foundation of our freedom,

And the cornerstone of our word.

Chorus:
Democracy gives me faith,
In a better future for my country,
For the world, for generations to come,

Democracy gives me the power to overcome.

Outro:
Let us cherish democracy,
And let us fight for what is right,
For it is the heart and soul of our society,

And the key to our future's light.

39.- Je suis avocat, c'est ma chance!

Couplet 1:

Je suis avocat, je suis fier,

D'aider les autres à se défendre.

Ma profession est un vrai bonheur,

Je m'exprime librement sans attendre.

Refrain:

Je suis avocat, j'ai la liberté,

De défendre la justice avec fierté.

Mon travail est mon indépendance,

Je suis avocat, c'est ma chance.

Couplet 2:

Je plaide pour les droits de tous,

Je suis le gardien de la loi.

Ma mission est de défendre la justice,

C'est ma passion, ma foi.

Refrain: Je suis avocat, j'ai la liberté,

De défendre la justice avec fierté.

Mon travail est mon indépendance,

Je suis avocat, c'est ma chance.

Couplet 3:

J'observe avec finesse,

Les détails de chaque affaire.

Je me bats pour la justesse,

Et rien ne peut me faire taire.

Refrain:

Je suis avocat, j'ai la liberté,

De défendre la justice avec fierté.

Mon travail est mon indépendance,

Je suis avocat, c'est ma chance.

Couplet 4:

Je suis avocat, je suis libre,

De choisir mes combats.

Je suis fier de mes convictions,

Je ne me laisse jamais abattre.

Refrain:

Je suis avocat, j'ai la liberté,

De défendre la justice avec fierté.

Mon travail est mon indépendance,

Je suis avocat, c'est ma chance.

40.-La Jeunesse!

Couplet 1:

On est jeunes, on est libres,

On peut changer le monde entier.

On a l'énergie, la passion,

Pour faire bouger les choses enfin.

Refrain:

Prépare-toi, la jeunesse,

Le monde est à toi, tu peux faire la différence.

Avec tes rêves, tes idées,

Tu peux changer la société.

Couplet 2:

Le monde est plein de défis,

Mais on peut les surmonter ensemble.

On peut briser les barrières,

Et changer le cours de l'histoire.

Refrain:

Prépare-toi, la jeunesse,

Le monde est à toi, tu peux faire la différence.

Avec tes rêves, tes idées,

Tu peux changer la société.

Couplet 3:

On peut être des voix pour les voix sans voix,

On peut changer les mentalités.

On peut faire la différence,

Et créer un monde plus juste et plus beau.

Refrain:

Prépare-toi, la jeunesse,

Le monde est à toi, tu peux faire la différence.

Avec tes rêves, tes idées,

Tu peux changer la société.

Couplet 4:

On a la force de la jeunesse,

On peut conquérir le monde entier.

On peut être des leaders,

Et inspirer le changement.

Refrain:

Prépare-toi, la jeunesse,

Le monde est à toi, tu peux faire la différence.

Avec tes rêves, tes idées,

Tu peux changer la société.

41.- Je vivrai selon ta volonté, grand-mère!

Couplet 1:

Ma chère grand-mère, Emilène,

Tu es partie trop tôt pour moi.

Mais je ne t'oublierai jamais,

Ton souvenir vivra en moi.

Refrain:

Une grand-mère ne part pas à 75 ans,

Ton départ a laissé un grand vide en moi.

Mais je conduirai ma vie toujours selon ta volonté,

Tu seras toujours là pour moi.

Couplet 2:

Tu m'as appris à être fort,

Et à garder espoir dans la vie.

Tu m'as montré le chemin,

Et tu as illuminé mon esprit.

Refrain:

Une grand-mère ne part pas à 75 ans,

Ton départ a laissé un grand vide en moi.

Mais je conduirai ma vie toujours selon ta volonté,

Tu seras toujours là pour moi.

Couplet 3:

Je me souviens de tes histoires,

Et des moments passés avec toi.

Tu as été ma source de sagesse,

Et tu as illuminé ma foi.

Refrain:

Une grand-mère ne part pas à 75 ans,

Ton départ a laissé un grand vide en moi.

Mais je conduirai ma vie toujours selon ta volonté,

Tu seras toujours là pour moi.

Couplet 4: Je garderai en mémoire,

Tout ce que tu as fait pour moi.

Tu as été un pilier dans ma vie,

Et tu m'as appris à être moi.

Refrain:

Une grand-mère ne part pas à 75 ans,

Ton départ a laissé un grand vide en moi.

Mais je conduirai ma vie toujours selon ta volonté,

Tu seras toujours là pour moi.

42.- Lionel Messi, The football king!

Verse 1:

In every game he plays,

He leaves his mark on the field.

His skills are unmatched,

His talent, revealed.

Chorus:

Lionel Messi, the football king,

The greatest player the world has ever seen.

With every touch, with every goal,

His greatness shines, and we're all in awe.

Verse 2:

He weaves through defenders,

Like they're not even there.

With every shot he takes,

We hold our breath and stare.

Chorus:

Lionel Messi, the football king,

The greatest player the world has ever seen.

With every touch, with every goal,

His greatness shines, and we're all in awe.

Verse 3:

He's won so many titles,

Broken so many records.

His passion for the game,

Is what we all adore.

Chorus:

Lionel Messi, the football king,

The greatest player the world has ever seen.

With every touch, with every goal,

His greatness shines, and we're all in awe.

Verse 4:

He's a hero to his fans,

And an inspiration to all.

We all strive to be like him,

To answer the game's call.

Chorus:

Lionel Messi, the football king,

The greatest player the world has ever seen.

With every touch, with every goal,

His greatness shines, and we're all in awe.

43.- C'est l'été!

Couplet 1:

Enfin, les grandes vacances sont arrivées,

L'école est terminée, on est libéré.

C'est l'été, la saison de tous les plaisirs,

On va profiter de chaque instant, sans rien dire.

Refrain:

Vive les grandes vacances, c'est l'été,

Soyons fous, soyons chauds, profitons-en à fond.

Dansons, chantons, et vivons nos rêves,

C'est l'été, la vie est belle, rien ne nous arrête.

Couplet 2:

On va se baigner dans l'eau fraîche,

Et bronzer sous le soleil chaud.

On va manger des glaces à la plage,

Et prendre des photos pour immortaliser ces moments.

Refrain:

Vive les grandes vacances, c'est l'été,

Soyons fous, soyons chauds, profitons-en à fond.

Dansons, chantons, et vivons nos rêves,

C'est l'été, la vie est belle, rien ne nous arrête.

Couplet 3:

On va partir en voyage,

Découvrir de nouveaux horizons.

On va rencontrer de nouvelles personnes,

Et vivre des expériences inoubliables.

Refrain:

Vive les grandes vacances, c'est l'été,

Soyons fous, soyons chauds, profitons-en à fond.

Dansons, chantons, et vivons nos rêves,

C'est l'été, la vie est belle, rien ne nous arrête.

Couplet 4:

On va profiter de chaque instant,

De chaque seconde qui passe.

On va rire, s'amuser,

Et créer des souvenirs pour toujours.

Refrain:

Vive les grandes vacances, c'est l'été,

Soyons fous, soyons chauds, profitons-en à fond.

Dansons, chantons, et vivons nos rêves,

C'est l'été, la vie est belle, rien ne nous arrête.

44.- Elon Musk!

Verse 1:

He had a dream, a vision to change the world,

To make a difference, to leave a mark unfurled.

He worked so hard, day and night,

With every step, he pushed with might.

Chorus:

Elon Musk, we respect and admire,

For the passion and drive that never tire.

He dared to dream, he dared to try,

And he's changing the world, as we see it fly.

Verse 2:

He looked at problems, that seemed too big to solve,

He saw solutions, where others saw walls.

From electric cars, to space exploration,

He's redefining innovation with his determination.

Chorus:

Elon Musk, we respect and admire,

For the passion and drive that never tire.

He dared to dream, he dared to try,

And he's changing the world, as we see it fly.

Verse 3:

His vision for the future, is bold and bright,

From clean energy, to colonizing other planets in sight.

He's inspired a generation, to dream big and try,

To reach for the stars, to never shy.

Chorus:

Elon Musk, we respect and admire,

For the passion and drive that never tire.

He dared to dream, he dared to try,

And he's changing the world, as we see it fly.

Verse 4:

We owe him a debt, of gratitude and thanks,

For the leaps he's made, the boundaries he's spanked.

We'll follow his lead, with our own aspirations,

And we'll keep moving forward, with our own creations.

Chorus:

Elon Musk, we respect and admire,

For the passion and drive that never tire.

He dared to dream, he dared to try,

And he's changing the world, as we see it fly.

Table des Matières

Printed by Books on Demand GmbH, Norderstedt / Germany